BEI GRIN MACHT SICH IHR WISSEN BEZAHLT

- Wir veröffentlichen Ihre Hausarbeit,
  Bachelor- und Masterarbeit

- Ihr eigenes eBook und Buch -
  weltweit in allen wichtigen Shops

- Verdienen Sie an jedem Verkauf

Jetzt bei www.GRIN.com hochladen und kostenlos publizieren

Bibliografische Information der Deutschen Nationalbibliothek:

Die Deutsche Bibliothek verzeichnet diese Publikation in der Deutschen National-bibliografie; detaillierte bibliografische Daten sind im Internet über http://dnb.d-nb.de/ abrufbar.

Dieses Werk sowie alle darin enthaltenen einzelnen Beiträge und Abbildungen sind urheberrechtlich geschützt. Jede Verwertung, die nicht ausdrücklich vom Urheberrechtsschutz zugelassen ist, bedarf der vorherigen Zustimmung des Verla-ges. Das gilt insbesondere für Vervielfältigungen, Bearbeitungen, Übersetzungen, Mikroverfilmungen, Auswertungen durch Datenbanken und für die Einspeicherung und Verarbeitung in elektronische Systeme. Alle Rechte, auch die des auszugsweisen Nachdrucks, der fotomechanischen Wiedergabe (einschließlich Mikrokopie) sowie der Auswertung durch Datenbanken oder ähnliche Einrichtungen, vorbehalten.

Impressum:

Copyright © 2016 GRIN Verlag
Druck und Bindung: Books on Demand GmbH, Norderstedt Germany
ISBN: 9783668969544

Dieses Buch bei GRIN:

https://www.grin.com/document/489590

Yannick Burkhardt

Michail Gorbatschow und seine Idee von Glasnost und Perestroika

GRIN Verlag

GRIN - Your knowledge has value

Der GRIN Verlag publiziert seit 1998 wissenschaftliche Arbeiten von Studenten, Hochschullehrern und anderen Akademikern als eBook und gedrucktes Buch. Die Verlagswebsite www.grin.com ist die ideale Plattform zur Veröffentlichung von Hausarbeiten, Abschlussarbeiten, wissenschaftlichen Aufsätzen, Dissertationen und Fachbüchern.

Besuchen Sie uns im Internet:

http://www.grin.com/

http://www.facebook.com/grincom

http://www.twitter.com/grin_com

Michail Gorbatschow und seine Idee von Glasnost und Perestroika

1 Gorbatschows Werdegang in der Sowjetunion bis 1985

1.1 Herkunft und Jugendzeit

Michail Sergejewitsch Gorbatschow wurde am 2. März 1931 als Sohn einer Bauernfamilie in Priwolnoje, Stawropol, geboren. Hier besuchte er die Grundschule, später die Mittelschule, die er mit „Auszeichnung" abschloss. Zwischen dem 13. und 19. Lebensjahr arbeitete er in einer Maschinen-Traktoren-Station einer Kolchose. Hier wurde er 1948 für seine Leistungen mit dem „Orden des roten Banners der Arbeit" ausgezeichnet. 1950 verließ er seine Heimat im Nordkaukasus und ging nach Moskau. Hier studierte er bis 1955 Rechtswissenschaften
1952 trat er in die KPdSU ein. Vier Jahre später heiratete er die Soziologiestudentin Raissa Maksimowna. Aus dieser Ehe ging eine Tochter hervor.

1.2 Steiler Aufstieg in der KPdSU

1962 wurde Gorbatschow zum Abteilungsleiter des Gebietskomitees der KPdSU in Stawropol ernannt. Dieses Amt bekleidete er bis 1966. Im Anschluss daran gelang es ihm mit 37 Jahren Parteichef der KPdSU in Stawropol zu werden. Aber auch danach ging seine Karriere weiter steil bergauf. 1971 wurde er Mitglied im ZK der KPdSU in Moskau. Mehr konnte er eigentlich nicht werden. Aber seine Intelligenz und sein unglaublicher Fleiß hatten sich bis in höchste Stellen herumgesprochen, sodass man ihn 1980 sogar ins Politbüro der Kommunistischen Partei der Sowjetunion berief. Gorbatschow war damit das erste Mitglied des Politbüros, das zur Nachkriegsgeneration gehörte, weil es am Ende des II. Weltkriegs noch keine 18 Jahre alt gewesen war.

1.3 Gorbatschow wird Generalsekretär der KPdSU

Gorbatschows Wissen und Können machte großen Eindruck auf den engsten Führungszirkel in Moskau. Man hielt so viel von ihm, dass er während der Erkrankung des Staatschefs Andropow immer wieder dessen Vertretung übernehmen durfte. Er tat dies so überzeugend, dass er nach dessen Tod 1984 und dem Ableben von dessen Nachfolger Tschernenko 1985 selbst zum Generalsekretär der KPdSU ernannt wurde. Nun stand er an der Spitze des größten Landes dieser Erde und damit an der Spitze einer Supermacht, die seit dem Beginn des Kalten Krieges von den Staaten der freien Welt gefürchtet wurde. Warum schreibe ich „freie Welt" und grenze damit die Sowjetunion klar gegen die westlichen Demokratien dieser Erde ab? War denn die Sowjetunion kein freies Land? Lebte man in diesem Riesenreich und den von ihm abhängigen Staaten des sogenannten Ostblocks unfrei? Ja, man lebte in Unfreiheit. Und zwar von Anfang an. Gorbatschow hat es persönlich erlebt und einmal so ausgedrückt: „Die Sowjetunion der siebziger Jahre ist geprägt von zunehmender Repression – und einer „absoluten Kontrolle von allem und jedem."[2]

*[2] Hagen, Violetta, *Flucht über den Ozean* in: Stuttgarter Zeitung, 03.02.2017, Seite 3

Aber warum war das so? Und: Gab es diese Unfreiheit nur in den 70er Jahren? Um diese Frage beantworten zu können, müssen wir uns einmal das politische System der Sowjetunion ansehen.

2 Das politische System der Sowjetunion

2.1 Die ideologische Basis: Der Marxismus

Aus urheberrechtlichen Gründen ist die Abbildung nicht im Lieferumfang enthalten

B1 Karl Marx um 1880

„Die Geschichte aller bisherigen Gesellschaft ist die Geschichte von Klassenkämpfen. Freier und Sklave, Patrizier und Plebejer, Baron und Leibeigener, kurz, Unterdrücker und Unterdrückte standen in stetem Gegensatz zueinander, führten einen ununterbrochenen Kampf, der jedes Mal mit einer revolutionären Umgestaltung der ganzen Gesellschaft endete oder mit dem gemeinsamen Untergang der kämpfenden Klasse."[3] So hatten 1847/48 Karl Marx und Friedrich Engels in ihrem „Manifest der Kommunistischen Partei" die Entwicklung der menschlichen Gesellschaft beschrieben. Die Entwicklung der menschlichen Gesellschaft von der Urgesellschaft bis zum Kommunismus ist die entscheidende theoretische Grundlage der marxistischen Philosophie. Und die war in der Sowjetunion von Anfang an die Basis aller politischen und wirtschaftlichen Entwicklung. Marx und Engels haben im 19. Jahrhundert dargestellt, wohin sich die menschliche Gesellschaft zwangsläufig entwickeln muss: zur klassenlosen Gesellschaft, also zum Kommunismus. Zuvor aber muss der Zustand von Ausbeutern und Ausgebeuteten, von Unterdrückern und Unterdrückten endgültig beendet werden. Das ist aber nur dann möglich, wenn die Eigentumsverhältnisse im wirtschaftlichen Bereich geändert werden. Dies bedeutet: Das Privateigentum an Produktionsmitteln muss abgeschafft werden. Wenn die Fabriken, Maschinen, Banken und der Großgrundbesitz sich nicht mehr in den Händen einzelner Weniger befinden, sondern alles allen gehört, wird es keine Unterdrücker und Unterdrückten mehr geben. Nach Marx werden in der Endphase des Kapitalismus die Gegensätze zwischen Ausbeutern und Ausgebeuteten so groß sein, dass es zu einer Revolution kommen wird, in der sich die Unterdrückten endgültig von ihren Unterdrückern befreien werden. Danach ist der weitere Weg vorgezeichnet: Über den Sozialismus, der auch als Diktatur des Proletariats bezeichnet wird, kann nun endgültig das Ziel der Geschichte angestrebt werden. Marx prophezeit: Das Ziel der Geschichte ist die Befreiung des unterdrückten und ausgebeuteten Menschen zum wahren Menschsein, das in der klassenlosen Gesellschaft, dem Kommunismus, erreicht sein wird. Hier ist die Wurzel allen Übels, das Privateigentum an Produktionsmitteln, abgeschafft. Weil es keine Unterdrückung mehr gibt, wird ein „Neuer Mensch" geboren, der endlich sein wahres Ich entfalten kann. Dieser „Neue Mensch" tut von sich aus das Gute und Richtige. Staat und Polizei gibt es nicht mehr, denn Not, Elend und Unterdrückung sind komplett verschwunden. Die Menschen werden in einer Überflussgesellschaft leben, in einer Art

---

3 Marx, Karl, Engels, Friedrich, *Manifest der Kommunistischen Partei*, in: *http://www.mlwerke.de/me/ me04/me04_459.htm*

Paradies auf Erden. Auch die Religion wird es nicht mehr geben, weil der Mensch nun nicht mehr auf ein Paradies im Himmel warten muss. Die Religion als „Opium des Volkes" ist nicht mehr nötig, weil das Volk seine Befreiung nicht erst im Himmel, sondern schon auf der Erde erleben wird.

Die kommunistische Bewegung hat also als Ziel die Bildung der klassenlosen Gesellschaft und damit die Befreiung des Menschen aus Unfreiheit und Unterdrückung.

2.2 Ergänzungen durch Lenin und Stalin

Aus urheberrechtlichen Gründen ist die Abbildung nicht im Lieferumfang enthalten

B2 Wladimir Iljitsch Lenin

Marx und Engels beschreiben den Weg vom Sozialismus, also von der Diktatur des Proletariats zum Kommunismus, nur sehr vage. Deshalb hat Lenin einiges hinzugefügt, das deutlich macht, dass die Diktatur des Proletariats ohne eine neue Form der Unterdrückung nicht auskommen kann, wenn sie das angestrebte Endziel der klassenlosen Gesellschaft erreichen will. Lenin erklärt, dass der Sozialismus zum ersten Mal für die große Mehrheit der Bevölkerung „Demokratie" bringt, aber gleichzeitig auch Unterdrückung für Unterdrücker, Ausbeuter und Kapitalisten bedeutet, weil anders deren Widerstand nicht gebrochen werden kann. Lenin sagt also klipp und klar, dass auf dem Weg zum Kommunismus Krieg und Tod, Geheimdienst und Gefängnis zum Leben der Menschen dazugehören, weil ohne sie das Paradies auf Erden nicht geschaffen werden kann. Er verwendet den Diktaturbegriff in seiner traditionell machttechnischen Bedeutung und legitimiert auf diese Weise jede Form von Gewalt gegen diejenigen, die als „Feinde des Volkes" angesehen werden. Das Ziel der Geschichte der Menschheit, die klassenlose Gesellschaft, kann seiner Meinung nach nur erreicht werden, wenn man diejenigen konsequent ausschaltet, die als Hemmnisse auf dem Weg zu diesem Ziel erkannt werden.

Aus urheberrechtlichen Gründen ist die Abbildung nicht im Lieferumfang enthalten

B3 Josef Stalin

Stalin hat die These von der Unterdrückung der Unterdrücker dankbar aufgenommen und später entsprechend gehandelt. Im Unterschied zu der Annahme von Marx und Engels, dass die entwickelten Länder zu gleicher Zeit zum Sozialismus übergehen würden, hat Stalin die These vom sozialistischen Sieg in einem Land propagiert. Nach ihm muss das imperialistische Weltsystem nach und nach an seinen schwächsten Gliedern durchbrochen werden. Für Stalin war der Sozialismus auch keine kurzfristige Übergangsphase, sondern ein lange währender erbitterter Kampf gegen den Kapitalismus, der viele Opfer kosten wird. Aber das Ziel wird sich in jedem Fall lohnen, denn es führt den Menschen in eine Welt, in der er überall zu Hause ist, anerkannt wird, und sich frei fühlen darf.

Lenin und Stalin waren bereit, jede Form von Unterdrückung und Gewalt einzusetzen, um das anvisierte Ziel, die Befreiung von Unterdrückung und Gewalt, zu erreichen. Dies ist ein Widerspruch, an dem das System der Sowjetunion am Ende scheitern wird.

2.3 Leben in der Sowjetunion

Am 7. November 1917 besetzten Soldaten unter dem Befehl Lenins den Regierungssitz in St. Petersburg. Es folgte ein dreijähriger Bürgerkrieg, der mit dem Sieg der kommunistisch orientierten Roten Armee endete. Auch in einigen Nachbarländern war es zu erfolgreichen kommunistischen Revolutionen gekommen, die dazu führten, dass sich am 30. Dezember 1922 Russland, Weißrussland, die Ukraine und Transkaukasien zur Union der Sozialistischen Sowjetrepubliken, kurz UdSSR, zusammenschlossen. Im allgemeinen Sprachgebrauch nannte man diesen Staat auch Sowjetunion. Er umfasste nach dem Ende des Zweiten Weltkrieges auch Turkmenistan, Usbekistan, Tadschikistan, Estland, Lettland, Litauen, Moldawien und Karelien. Die Hauptstadt dieses neuen Staates war Moskau. Das Leben in der Sowjetunion war ganz nach der Ideologie des Marxismus-Leninismus ausgerichtet. Industrien und Banken wurden verstaatlicht. Im ganzen Land wurde die sogenannte Zentralverwaltungswirtschaft eingeführt. Alle Ressourcen, wie Arbeit, Kapital und Boden, die man zur Produktion von Gütern benötigte, wurden von staatlichen Kommissionen verwaltet. Privatbesitz an Produktionsmitteln gab es nicht mehr. Auf dem Land kam es zur Zwangskollektivierung der Landwirtschaft, in deren Folge Kolchosen und Sowchosen entstanden, in denen die Bauern wie Industriearbeiter beschäftigt wurden.

Das Leben in der Sowjetunion war gefährlich, weil sowohl Lenin als auch Stalin ihre Macht durch Terror sicherten. Stalin ließ 1926/27 seine Widersacher von links (Trotzkij, Sinowiew, Kamenew) und 1929/30 die von rechts (Bucharin) ebenso verfolgen und ermorden, wie viele andere, die zu ihren Sympathisanten gezählt wurden. Der Diktator ließ unzählige Menschen in Arbeitslager nach Sibirien deportieren und in Schauprozessen seine Gegner oder jene, die er dafürhielt, zum Tode verurteilen und hinrichten. Seine Geheimpolizei „Tscheka" war allgegenwärtig und verbreitete ein Klima der Angst und des Terrors. Aber die Vernichtung der sogenannten „Konterrevolutionäre" war ja ideologisch abgesichert. Schließlich konnte man sie dafür verantwortlich machen, dass es auf dem Weg zum Kommunismus nur schleppend voranging. Man kann heute sagen, dass das Leben in der Sowjetunion, die sich selbst als „Paradies der Arbeiterschaft" bezeichnete, alles andere als paradiesisch gewesen ist. Es war von Anfang an durch ein Klima der Angst geprägt und durch einen rücksichtslosen Terror gegen wirklich und vermeintlich Andersdenkende.

Auf dem XX. Parteitag der KPdSU im Jahre 1956 kritisierte der neue Parteichef Chruschtschow in seiner Geheimrede den Personenkult um Stalin und die von ihm verübten Verbrechen. Chruschtschow leitete damit eine „Entstalinisierung" ein, die zu einer Tauwetter-Periode führte, in der man nicht mehr wie zu Stalins Zeiten mit ständiger Verhaftung und Verurteilung rechnen musste. In der Sowjetunion kehrte eine gewisse Entspannung ein. Chruschtschow ließ zahlreiche Straflager öffnen und unschuldig Inhaftierte aus dem Gulag entlassen. Außerdem sorgte er dafür, dass viele Häftlinge rehabilitiert wurden. Er startete eine bis dahin beispiellose Zahl an Reformen in der Sowjetunion, u. a. in der Wirtschafts- und Gesellschaftspolitik, in Bildung und Kultur und wurde damit zu einem frühen Vorläufer Gorbatschows. Aber er glaubte fest an die Überlegenheit des sowjetischen Systems und achtete strikt darauf, dass seine Reformen die sowjetische Grundordnung nicht antasteten. Diese Grundordnung wollte er auch in den von der Sowjetunion besetzten Ländern nicht angetastet sehen. Deshalb ließ er 1956 den Volksaufstand in Ungarn blutig niederschlagen. Chruschtschows Nachfolger Leonid

Breschnew, Juri Andropow und Konstantin Tschernenko zogen die Zügel innerhalb der Sowjetunion wieder an. Zwar gab es die Tscheka nicht mehr, aber dafür seit 1954 den KGB. Und wieder mussten die Menschen Angst haben, denunziert und als Konterrevolutionäre eingesperrt zu werden. Meinungs- und Pressefreiheit gab es nicht in der Sowjetunion. Auch nicht zu Chruschtschows Zeiten und schon gar nicht unter seinen Nachfolgern. Ein bekanntes Beispiel dafür ist Lew Kopelew. Er wurde kurz nach dem II. Weltkrieg in ein Arbeitslager

Aus urheberrechtlichen Gründen ist die Abbildung nicht im Lieferumfang enthalten

gesteckt, 1956 aber wieder rehabilitiert. Danach durfte er als Literaturwissenschaftler und Germanist arbeiten und Bücher veröffentlichen. Kopelew bekam eine Stelle als Dozent für internationale Pressegeschichte. Er

B4 Lew Kopelew arbeitete von 1961 bis 1968 am Moskauer Institut für Kunstgeschichte, verfasste eine Bertolt-Brecht-Biografie und eine Geschichte der deutschsprachigen Theaterwissenschaft. Er geriet aber immer stärker ins Abseits, weil er sich seit Mitte der sechziger Jahre für Andersdenkende einsetzte. Er ergriff Partei für Andrej Sacharow und Alexander Solschenizyn sowie für Alexander Dubcek und den Prager Frühling. Dadurch legte er sich immer mehr mit dem sich wieder verhärtenden Regime an. Die Regierenden reagierten mit Parteiausschluss, Schreibverbot und dem Verlust seiner Stelle am Institut für Kunstgeschichte. 1981wurde er ausgebürgert und fand schließlich nach einem USA-Aufenthalt eine neue Heimat in der Bundesrepublik Deutschland. Das Leben in der Sowjetunion war also auch nach Stalins Tod von Unfreiheit und Gängelung bestimmt. Die Repression durch staatliche Organe ließen sich natürlich nach wie vor ideologisch begründen: Wer das Gesamtziel, das Erreichen der klassenlosen Gesellschaft, gefährdete und damit verhindern wollte, dass das Paradies auf Erden geschaffen wurde, musste unterdrückt und eingesperrt werden. Das war auch den Nachfolgern von Lenin und Stalin klar und davon wurde auch in späteren Zeiten nicht abgegangen. Man musste parieren und durfte keine Fundamentalkritik am System üben. Selbst so einfache Dinge, wie das Reisen wurden staatlich geregelt und die Entscheidungen der entsprechenden staatlichen Genehmigungsbehörden mussten kritiklos hingenommen werden. Wer dies nicht tat, bekam Probleme und wurde verfolgt.. Der Meeresbiologe Kurilov, der zu Beginn der 80-er Jahre einen Antrag auf eine Auslandsreise gestellt hatte, der abgelehnt wurde, schrieb: „Ich fiel in ein tiefes Loch. Es war wie ein Todesurteil. Ich fühlte mich wie ein Gefangener in diesem Land. Ich lebte auf einem wunderbaren blauen Planeten – aber ich war eingesperrt in einem kommunistischen Staat, mit Verweis auf irgendwelche dummen politischen Ideen."4

So sah das Leben in der Sowjetunion aus, als Michail Gorbatschow Generalsekretär der KPdSU wurde. Hinzu kam: Die Sowjetunion befand sich in einer wirtschaftlichen Rezession, weil der Rüstungswettlauf mit den USA das Land an den Rand einer wirtschaftlichen Pleite gebracht hatte. Als Gorbatschow 1985 der mächtigste Mann der Sowjetunion wurde, musste er ein schwieriges Erbe antreten, um das ihn keiner beneidete.

5

4 Hagen, Violetta, a. .a. Ort, Seite 3

3 Eine neue Zeit bricht an: Glasnost und Perestroika

3.1 Gorbatschow wird Generalsekretär der KPdSU

Nach dem Tod von Konstantin Tschernenko wurde Michail Gorbatschow im März 1985 zum neuen Generalsekretär der KPdSU ernannt. Mit 54 Jahren gehörte er zu den ganz jungen Mitgliedern des Politbüros. Seine ersten Erklärungen und Maßnahmen zeigten deutlich, wohin der zukünftige Weg gehen sollte: Die Arbeitsqualität in Industrie, Verwaltung und Landwirtschaft sollte verbessert und der Korruption und dem Alkoholmissbrauch der Kampf angesagt werden. Aber damit noch nicht genug: Auch die sowjetische Gesellschaft sollte komplett verändert werden. Zwei Begriffe wurden zum Schlagwort seiner neuen Politik: Glasnost und Perestroika. Mit Glasnost und Perestroika versuchte er, die Sowjetunion wieder nach vorne zu bringen. Seine Ideen blieben aber nicht auf die Sowjetunion beschränkt. Sie wurden schließlich zum Signal für die Reformer und Oppositionsgruppen in allen Ländern Osteuropas.

Aus urheberrechtlichen Gründen ist die Abbildung nicht im Lieferumfang enthalten

B5 Michail Gorbatschow

3.2 Glasnost und Perestroika

Als Gorbatschow sein Amt antrat, war die Sowjetunion ein bis an die Zähne bewaffnetes Land, das für seine Hochrüstung einen hohen Preis bezahlen musste: Die Wirtschaft lag am Boden, der Staat stand kurz vor dem finanziellen Zusammenbruch. Gorbatschow musste handeln und er tat dies in für einen Führer der Sowjetunion einmaligen Weise. Er erklärte seinen überraschten Bürgern, dass die Sowjetunion politisch und wirtschaftlich komplett umdenken müsste. Seine Schlagworte hießen Glasnost und Perestroika. Glasnost sollte zu einer neuen gesellschaftlichen Offenheit führen. Nur wenn wichtige gesellschaftspolitische Fragen öffentlich diskutiert werden können, wird es möglich sein, gemeinsam sinnvolle Lösungen zu finden. Wichtige gesellschaftliche und politische Fragen und Probleme müssen öffentlich diskutiert werden, ohne dass der Kritiker Repressalien fürchten muss. Eine solche Freiheit hatte es in der Sowjetunion zuvor noch nie gegeben. Glasnost war eine Sensation. Doch mit demokratischer Transparenz und Offenheit allein hätte dieses Land seine wirtschaftlichen Probleme nicht in den Griff bekommen können. Dazu bedurfte es zusätzlich noch eines umfassenden Programms zur wirtschaftlichen und sozialen Umgestaltung des Landes, das Perestroika genannt wurde. Die von Gorbatschow proklamierte Perestroika sollte mehr Eigeninitiative und Markt in die völlig erstarrte Planwirtschaft bringen. Und sie sollte durch Reformen in Verwaltung und Wirtschaft beide effizienter machen. Dazu wurde das Ziel verkündet, die bisherige Planwirtschaft zu überwinden und die weit verbreitete Korruption und Misswirtschaft zu bekämpfen. Da es in der Sowjetunion an Nahrungsmitteln, Wohnungen und vielem anderen fehlte, musste Gorbatschow keine große Überzeugungsarbeit leisten.

Aus urheberrechtlichen Gründen ist die Abbildung nicht im Lieferumfang enthalten

B6 Glasnost und Perestroika

Mit Glasnost und Perestroika hat sich Gorbatschow um sein Land verdient gemacht. Er wollte die Katzbuckelei der einen und die Lobhudelei der andern abschaffen. Und er wollte den Machtmissbrauch einzelner Funktionäre beenden. Wie Chruschtschow wollte er den Sozialismus nicht abschaffen, sondern reformieren und verbessern: „Mehr Sozialismus bedeutet mehr Dynamik, Elan und schöpferische Anstrengung, mehr Organisation, Gesetz und Ordnung, mehr wissenschaftliche Methodik und Initiative in der Wirtschaftsführung und Effizienz in der Administration sowie ein besseres und reicheres Leben für das Volk."5

Gorbatschow wurde zum neuen Hoffnungsträger in Ost und West. Glasnost und Perestroika, das bedeutet auch, dass auf einmal Filme und Bücher wieder erlaubt waren, die bis dahin verboten waren. Das politische und wirtschaftliche System änderte sich allmählich. Gorbatschows Politik der Öffnung brachte den Sowjetbürgern eine bis dahin nicht gekannte Freiheit, aber auch einen kritischen Blick in die dunkle Vergangenheit des kommunistischen Staates. Was zu Tage gefördert wurde, schockierte und empörte die Menschen, so zum Beispiel die Gräueltaten und Gewaltverbrechen Stalins, über die nun viel schonungsloser als noch zu Chruschtschows Zeiten berichtet werden durfte. Und noch etwas trat ein, was Gorbatschow zu Beginn seiner Amtszeit nicht erkannt hatte: Seine Absage an den Stalinismus und seine Forderung nach mehr Demokratie führte zu einer massiven Machtverminderung der Kommunistischen Partei.

3.3 Auswirkungen auf die Staaten des Ostblocks

Gorbatschows Politik von Glasnost und Perestroika stärkte die Freiheitsbewegungen in den Satellitenstaaten der Sowjetunion, besonders in Polen, Ungarn, der Tschechoslowakei und schließlich auch in der DDR. Sie führte zu einer politischen Neu-orientierung innerhalb der Gesellschaften dieser Staaten, die sich nicht mehr rückgängig machen ließ. Am Ende führte sie zum Zusammenbruch der alten Ordnung in Polen, Ungarn, der Tschechoslowakei, in Rumänien, Bulgarien und später auch in der DDR.

Aus urheberrechtlichen Gründen ist die Abbildung nicht im Lieferumfang enthalten

B7 Lech Walesa und Freunde von der Solidarnosc

5 Gorbatschow, Michail in: http://www.bpb.de/izpb/192793/perestrojka-und-glasnost?p=all

4 Gorbatschows Außenpolitik des „neuen Denkens"

4.1 Die USA und die UdSSR gehen aufeinander zu.

In der Außenpolitik verfolgte Gorbatschow eine Politik des „Neuen Denkens", die in erster Linie darin bestand, gegenseitiges Misstrauen zwischen Ost und West abzubauen. Der Westen reagierte zunächst zurückhaltend. Lediglich die britische Premierministerin Margaret Thatcher erkannte in Gorbatschows neuer Politik eine Chance, Spannungen abzubauen und einen Neuanfang zu wagen. Schließlich gelang es Gorbatschow, auch den zunächst misstrauischen US-Präsidenten Ronald Reagan für seine neue Politik zu gewinnen. Gorbatschow und Reagan fassten Vertrauen zueinander und schafften einen Durchbruch bei den lange festgefahrenen Abrüstungsverhandlungen der beiden Supermächte. Am 8. Dezember 1987 unterzeichneten sie in Washington den INF-Vertrag zur Vernichtung der atomaren Mittelstrecken-raketen. Das seit Jahrzehnten andauernde Wettrüsten zwischen den USA und der Sowjetunion konnte gestoppt werden. Für Gorbatschow war das wichtig, denn die Hochrüstung war Gift für seine wirtschaftlichen Pläne. Als er am 8. Februar 1988 den Abzug der sowjetischen Truppen aus Afghanistan bekanntgab, führte auch dies zu einer wesentlichen Verbesserung der Beziehungen zu den USA.

Aus urheberrechtlichen Gründen ist die Abbildung nicht im Lieferumfang enthalten

B8 Reagan und Gorbatschow 1987

Das Tauwetter in den sowjetisch-amerikanischen Beziehungen setzte sich auch fort, als George Bush neuer amerikanischer Präsident wurde. Im Dezember 1989 traf Gorbatschow sich vor der Mittelmeerinsel Malta mit dem amerikanischen Präsidenten auf dem sowjetischen Kreuzer „Maxim Gorki". Beide erkannten, dass sie sich aufeinander verlassen konnten. Nun bestand die Hoffnung auf ein Arrangement der beiden Supermächte und auf ein Ende des Kalten Krieges..

4.2 Friedliche Beziehungen zur Volksrepublik China

Auch die Beziehungen der Sowjetunion zum kommunistischen China verbesserten sich unter Gorbatschow. Hatte man noch 1969 am Ussuri aufeinander geschossen, so versuchte Gorbatschow nun nach Jahren der Konfrontation zu einem friedlichen Miteinander zurückzufinden. Er ordnete eine starke Reduzierung der Streitkräfte an der Grenze zu China an, leitete normale Wirtschaftsbeziehungen ein und klammerte die Fragen über die umstrittenen Grenzen ganz einfach aus. Höhepunkt seiner erfolgreichen China-Politik war der Empfang durch Deng Xiaoping am 16. Mai 1989. Als er in der Großen Halle des Volkes in Peking von Chinas starkem Mann empfangen wurde, bedeutete dies das Ende einer jahrelangen Feindschaft zwischen der UdSSR und der Volksrepublik China.

5 Die friedliche Revolution in der DDR und die deutsche Einheit

5.1 Wer zu spät kommt, den bestraft das Leben

Am 14. August 1989 besuchte der DDR-Staatschef Erich Honecker das Erfurter Mikroelektronikwerk „Karl Marx". Als man ihm einen neuen 32-bit-Speicherchip vorstellte, war er so begeistert vom Erfolg der DDR-Elektronik, dass er einen über 100 Jahre alten Spruch der Arbeiterbewegung zitierte: „Den Sozialismus in seinem Lauf hält weder Ochs noch Esel auf." Damit zeigte er einen Realitätsverlust, der angesichts der Situation in der DDR nicht nachzuvollziehen war. Während nicht nur in der UdSSR, sondern im gesamten Ostblock politische und wirtschaftliche Reformen eingeleitet worden waren, hielt die DDR am Alten fest. Deshalb wurde die Unzufriedenheit im Land immer größer. Als Ungarn im Mai 1989 die Grenzzäune zu Österreich abbaute, flohen Tausende DDR- Bürger über Ungarn in die Freiheit. Andere flohen in Warschau, Prag und Budapest in die Botschaften der Bundesrepublik. Diese DDR-Bürger durften schließlich in Sonderzügen in die Bundesrepublik ausreisen. Mehr als die Hälfte der Flüchtlinge waren junge Leute zwischen 18 und 30 Jahren. Gleichzeitig sangen in der Volkskammer die alten Männer des SED-Machtapparates mit Arbeiterliedern gegen den Wind des Wandels an, als wäre nichts geschehen. Und dann feierte man am 7. Oktober 1989 den 40. Jahrestag der Gründung der DDR. Dazu kam Michail Gorbatschow nach Ost-Berlin. Er wurde von der Bevölkerung begeistert empfangen. Die Menschen begrüßten den Reformer und Ehrengast mit den Worten „Gorbi, hilf uns!" Der wollte sich zunächst nicht in die „Entscheidungsfreiheit der souveränen DDR" einmischen, forderte die DDR-Führung aber dennoch auf, auch in ihrem Land über Reformen nachzudenken. Als ihn Journalisten über die Entwicklung in der DDR befragten, fielen seine berühmten Worte: „Wer zu spät kommt, den bestraft das Leben." Die DDR-Führung mit Generalsekretär Erich Honecker an der Spitze erwies sich jedoch als reformunwillig. Sie erkannte nicht einmal nach der Flucht tausender DDR-Bürger in den Westen die Zeichen der Zeit.

Aus urheberrechtlichen Gründen ist die Abbildung nicht im Lieferumfang enthalten

B9 40 Jahre DDR 1989

9

5.2 Montagsdemonstrationen in Leipzig

Jede Woche gab es nach den traditionellen Montagsgebeten in der Leipziger Nikolaikirche die Montags-Demonstrationen, bei denen die Menschen mehr Freiheiten und Mitspracherechte in der DDR forderten. Schließlich fanden im Herbst 1989 auch in Dresden, Halle, Magdeburg und anderen großen Städten der DDR Montagsdemonstrationen statt. Staatssicherheit und Polizei gingen brutal gegen die Demonstranten vor, aber geschossen wurde nicht. Und das Wichtigste: Die Panzer der Roten Armee blieben in den Kasernen und griffen nicht ein. Das befürchtete Blutbad blieb aus, weil Gorbatschow es verboten hatte. Am 18. Oktober 1989 musste Honecker, der „starke Mann" der DDR,

Aus urheberrechtlichen
Gründen ist die Abbildung nicht
im Lieferumfang enthalten

B10 Demonstration in Leipzig 1990

unter dem Druck seiner eigenen Genossen zurücktreten. Nachfolger Honeckers wurde Egon Krenz, der zwar Fehler zugab, aber weiterhin auf dem Führungsanspruch der SED beharrte. Aus diesem Grund kam es in der DDR zu neuen Massendemonstrationen. Dann fiel am 9. November 1989 die Mauer. Vor dem Mauerfall riefen die Demonstranten: „Wir sind das Volk." Danach nur noch: „Wir sind ein Volk." Die Menschen in der DDR wollten die Wiedervereinigung Deutschlands. Die aber war ohne die Zustimmung der Sowjetunion nicht zu bekommen. Gespannt schauten alle nach Moskau, wo der Hoffnungsträger saß, dem man sogar dies zutraute: Die Wiedervereinigung des über vier Jahrzehnte lang geteilten Deutschlands.

5.3 Gorbatschow und die deutsche Einheit

Die Wiedervereinigung Deutschlands war das Ziel der Deutschen in Ost und West. Aber wollte sie auch Gorbatschow? Wollten die USA, Großbritannien und Frankreich eine deutsche Wiedervereinigung? Hatten nicht alle Angst, dass dieses neue Deutschland politisch, wirtschaftlich und militärisch viel zu stark werden würde?

Gorbatschow hatte die überstürzte Öffnung der Mauer zunächst kritisiert. Und an eine deutsche Wiedervereinigung dachte er nicht im Traum. Da sah er sich mit Briten und Franzosen auf einer Linie. Nur die USA standen einer deutschen Wiedervereinigung uneingeschränkt positiv gegenüber. Schließlich gelang es Bundeskanzler Helmut Kohl, die westlichen Verbündeten für ein wiedervereinigtes Deutschland zu gewinnen. Aber wie stand es mit der Sowjetunion? Ohne sie konnte es eine deutsche Wiedervereinigung nicht geben. Deshalb flogen Bundeskanzler Helmut Kohl und Außenminister Hans-Dietrich Genscher zu Gorbatschow in die Sowjetunion. Ihnen war es gelungen, ein freundschaftliches Verhältnis zu ihm aufzubauen. Dann geschah das Wunder: Gorbatschow ließ sich überzeugen und gab seinen anfänglichen Widerstand gegen den Zusammenschluss von DDR

Aus urheberrechtlichen
Gründen ist die Abbildung nicht
im Lieferumfang enthalten

B11 Gorbatschow und Helmut Kohl 1990

und Bundesrepublik schließlich auf. Bei einem Treffen am 16. Juli 1990 in Gorbatschows Heimat bekamen der Bundeskanzler und sein Außenminister die sowjetische Zustimmung zur deutschen Wiedervereinigung. Gorbatschow stimmte schließlich auch der Zugehörigkeit eines vereinigten Deutschlands zur NATO zu. Die sowjetischen Truppen sollten innerhalb von vier Jahren aus der DDR abgezogen werden. Im Gegenzug sollte die dann gesamtdeutsche Bundeswehr von 500000 auf 370000 Mann verkleinert werden. Die Welt staunte. Gorbatschow hatte etwas getan, was niemand einem Führer der Sowjetunion zugetraut hatte: Macht abzugeben, um Entspannung zu erreichen.

6 Das Ende der Ära Gorbatschow

6.1 Der Zerfall des Warschauer Pakts

Am 26. April 1985 wurde der Warschauer Vertrag um 25 Jahre verlängert und sollte danach automatisch um weitere 10 Jahre verlängert werden. Dazu kam es aber nicht mehr, weil mit dem Fall des Esernen Vorhangs und der Wiedervereinigung Deutschlands am 3. Oktober 1990 der Kalte Krieg faktisch beendet war. Deshalb drängten die Mitgliedstaaten des Warschauer Pakts auf einen Abzug der sowjetischen Truppen aus ihren Ländern. Schließlich forderten sie sogar die Auflösung dieses militärischen Bündnisses. Obwohl Gorbatschow eine gleichzeitige Auflösung von NATO und Warschauer Pakt angestrebt hatte, gab er schließlich nach. Am 1. Juli 1991 wurde der Warschauer Pakt aufgelöst. Die NATO jedoch bestand weiterhin.

6.2 Der Putsch gegen Gorbatschow und die Folgen

Nach dem Zerfall des Warschauer Paktes geriet Gorbatschow innenpolitisch massiv unter Druck. Es brodelte in der Sojetunion, die Menschen waren unzufrieden. Sie wollten Veränderungen, aber sie merkten auch, dass sie mit den augenblicklichen Veränderungen, nicht so wirklich klar kamen. Außerdem war die Sowjetunion ein Vielvölkerstaat. Die ersten Länder rebellierten, die Menschen gingen auf die Straße, z.B. in Georgien und forderten völlige Unabhängigkeit. Ihre Freiheitsbestrebungen wurden blutig niedergeschlagen. 16 Menschen starben bei diesen Demonstrationen und es sah so aus, als würde alles wieder zurückgehen. Das war aber nicht möglich, denn die Entwicklung, die Gorbatschow losgetreten hatte, war nicht mehr rückgängig zu machen. Als erste Staaten sagten sich die baltischen Staaten Lettland, Estland und Litauen 1990 von der Swjetunion los. Das große Sowjetreich, es ging immer weiter unter. Das fanden aber nicht alle gut. Teile des Geheimdienstes, des Militärs und der Politik wollten etwas dagegen unternehmen und starteten einen Putschversuch. Eine Gruppe Ewiggestriger versuchte im August 1991, das Rad der Geschichte zurückzudrehen. Während Gorbatschow auf der Halbinsel Krim Urlaub machte, putschten

11

Aus urheberrechtlichen Gründen ist die Abbildung nicht im Lieferumfang enthalten

B12 Gorbatshow kehr nach Moskau zurück

sie gegen ihn. Zwar gelang es Boris Jelzin, den Putsch zu stoppen und die Putschisten auszuschalten, aber Gorbatschows Zeit in der Schaltzentrale der Macht war vorbei. Er kehrte als geschlagener Mann nach Moskau zurück. Dann wurde seine Partei, die KPdSU, verboten. Damit war Gorbatschow Generalsekretär einer illegalen Partei. Die Sowjetunion stand kurz vor ihrem Ende. Gorbatschows Versuch, die UdSSR als eine lose Konföderation zu retten, schlug fehl. Am Ende brach die Wirtschaft ein, sodass auch Gorbatschows wirtschaftliche Reformen gescheitert waren. Am 31. Dezember 1991 hörte die Sowjetunion auf zu existieren. Im ganzen Land wehte nun die russische Fahne. Die Sowjetunion zerfiel in 15 Einzelstaaten, wobei Russland die rechtliche Nachfolge der UdSSR antrat. Gorbatschow verschwand aus der Politik. 1996 kehrte er kurz zurück. Aber seine Kandidatur für das Präsidentenamt misslang. Er wurde mit 0,5 Prozent der Stimmen von den Wählern abgestraft. Die Russen sahen in ihm den Totengräber der Sowjetunion und zahlten es ihm nun heim. Die Ära Gorbatschow war zu Ende.

7 Kritische Würdigung

Was bleibt von einem Mann, den viele für gescheitert halten? Wie ist ein Politiker zu beurteilen, der auch noch 2017 in seinem eigenen Land von der Mehrheit der Bevölkerung abgelehnt wird? Immerhin: Im Ausland genießt Gorbatschow bis heute ein hohes Ansehen. Vor allem wir Deutsche verbinden mit seinem Namen die lang ersehnte friedliche Wiedervereinigung unseres Landes. Deshalb ist er in der Bundesrepublik Deutschland ein stets gern gesehener Gast.

In der Sowjetunion wollte er mit Glasnost und Perestroika seinen Landsleuten ein freieres und damit auch besseres Leben ermöglichen. Nie zuvor hat es in diesem Land mehr Freiheiten und kreative Möglichkeiten gegeben, als zu Gorbatschows Zeiten. „Solchen Mut und solche Anmut vermisst man heute in allen Rgierungen."[6] Michail Gorbatschow hat viel zur europäischen Einigung beigetragen, aber sein Versuch, in der Sowjetunion das kommunistische System zu reformieren, ist fehlgeschlagen. Vielleicht deshalb, weil dieses System ganz einfach nicht reformierbar gewesen ist.

In Europa hat er die politischen Realitäten anerkannt. Unter ihm entließ die Sowjetunion ihre europäischen Satellitenstaaten in die Freiheit. Mir imponiert besonders sein Einsatz zur weltweiten Friedenssicherung und zum Abbau nuklearer Waffen, für den er 1990 mit dem Friedensnobelpreis ausgezeichnet wurde. Es ist sein unbestrittener Verdienst, dass sich die Supermächte USA, China und Sowjetunion angenähert haben und gegenseitig neues Vertrauen entstehen konnte, trotz aller ideologischen Gegensätze.

Vor kurzem hat Gorbatschow den autoritären Führungsstil des russischen Präsidenten Wladimir Putin kritisiert. Diese Äußerungen wurden in Russland nicht beachtet und Putin selbst hat sich deshalb nicht besonders aufgeregt. Im Gegenteil. Der russische Präsident hat Gorbatschow am 2. März 2017 ganz herzlich zu seinem 86. Geburtstag gratuliert und ihm ein langes und schönes Leben gewünscht. Und er hat Gorbatschows Beitrag zur internationalen Zusammenarbeit hervorgehoben und erklärt, dass dies den Frieden in den 80er Jahren sicherer gemacht habe.

„Hans Magnus Enzensberger bezeichnete diejenigen kommunistischen Protagonisten, welche bei dem friedlichen Abbau ihres Systems mitgeholfen haben als >>Helden des Rückzugs<<. Wenn man diese ironische Sichtweise auf Michail Gorbatschow anwendet, dann müssen wir in ihm einen wahren Napoleon des Rückzugs sehen..... Nur: Die Franzosen verziehen ihrem Kaiser ... und behielten den Verbannten von St. Helena in guter Erinnerung. Der moderne Held hat bisher keine Absolution seitens seiner Landsleute erhalten und muss nun auf das Urteil der Geschichte hoffen."[7]

6 Minkmar, Nils, in *Michail Gorbatschow. Alles zu seiner Zeit. Mein Leben.*, Deutscher Taschenbuch Verlag, München 2013, letzte Umschlagseite

7 Dalos, Györgi, in *Gorbatschow. Mensch und Macht Alles zu seiner Zeit. Mein Leben.*, Deutscher Verlag, CH Beck, München 2012, S.275

Vielleicht wird Michail Gorbatschow eines Tages auch in seiner Heimat der Respekt entgegengebracht werden, den er verdient. Dass dies noch zu seinen Lebzeiten geschieht, wünsche ich ihm sehr.

Bildnachweis (Abbildungen aus urheberrechtlichen Gründen nicht im Lieferumfang enthalten)

B 1   https://www.bing.com/images/search?q=karl+marx& FORM=HDRSC2

B 2   https://www.pastemagazine.com/articles/2016/01/dicaprio-offered-opportunity-to-portray-lenin-in-r.html

B 3   http://images.smh.com.au/2011/06/23/2447442/stalinphoto-420x0.jpg

B 4   http://www.akademiers.de/fileadmin/user_upload/image_archive/akademie/20060312_1421_kopelew.gif

B 5   https://www.hdg.de/lemo/img/galeriebilder/biografien/gorbatschow-michail_foto_sig-2009-02-0033_hdg.jpg

B 6   https://images-na.ssl-images-amazon.com/images/I/41W6j%2BXztxL._SL500_SY344_BO1,204,203,200_.jpg

B 7   http://www.mdr.de/damals/archiv/polen282-resimage_v-variantSmall16x9_w-640.jpg?version=33342

B 8   https://www.google.de/search?q=gorbatschow+und+reagan&source=lnms&tbm=isch&sa=X&ved=0ahUKEwiakI2FjJrTAhWhOsAKHVPzCTkQ_AUIBigB&biw=1600&bih=784#imgrc=YrIUOeqTPd6gxM:&spf=191

B 9   http://www.bpb.de/cache/images/5/47815-1x1-original.jpg?26AF7

B 10   https://www.google.de/search?q=die+demokratie+in+ihre+lauf+h%C3%A4lt+weder+ochs+noch+esel+auf&source=lnms&tbm=isch&sa=X&ved=0ahUKEwit1bONtZrTAhXhCsAKHbRcC7UQ_AUICCgB&biw=1600&bih=784#imgrc=nVRIvlciuSI66M:&spf=190

B 11   http://cdn3.spiegel.de/images/image-641376-galleryV9-ntlq-641376.jpg

B 12   _ http://www.mdr.de/heute-im-osten/gorbatschow-106_v-variantBig16x9_w-576_zc-915c23fa.jpg?version=39770

Literaturverzeichnis

1 Bücher

Dalos, Györgi: *Gorbatschow. Mensch und Macht Alles zu seiner Zeit. Mein Leben.*. Deutscher Verlag, CH Beck, München 2012, S.275

Minkmar, Nils: *Michail Gorbatschow. Alles zu seiner Zeit. Mein Leben.*, Deutscher Taschenbuch Verlag, München 2013, letzte Umschlagseite

2 Zeitung

Hagen, Violetta, *Flucht über den Ozean,* in: Stuttgarter Zeitung, 03.02.2017, Seite 3

3 Internetquellen

Auswirkungen von Gorbatschows Politik.
http://www.deutschegeschichten.de/zeitraum/themaplus.asp?KategorieID=1006&InhaltID=1631&Seite=6

Der letzte Tanz der Totgesagten beim 40. Geburtstag der DDR.
http://www.tagesspiegel.de/berlin/7-oktober-1989-der-letzte-tanz-der-totgesagten-beim-40-geburtstag-der-ddr/10800012.html

Die WG der Rebellen. http://www.spiegel.de/einestages/leipzig-wie-es-1989-zur-montagsdemonstration-kam-a-993513.html

Fenster der Freiheit. http://www.faz.net/aktuell/feuilleton/thema/michail-gorbatschow

Glasnost und Perestroika. https://www.hdg.de/lemo/kapitel/deutsche-einheit/wandel-im-osten/glasnost-und-perestroika.html

Glasnost und Perestroika. http://www.geschichte-lexikon.de/glasnost-perestroika.php

Gorbatschow, Michail. http://www.bpb.de/izpb/192793/perestrojkaundglasnost?p=all

Kohl, Gorbatschow und eine „planetarische Revolution".
https://www.bayernkurier.de/inland/4122-kohl-gorbatschow-und-eine-planetarische-revolution/

Manifest der Kommunistischen Partei.
http://www.mlwerke.de/me/me04/me04_459.htm

Marxismus-Leninismus. http://wirtschaftslexikon.gabler.de/Definition/marxismus-lenin smus.html

Marxismus-Leninismus. http://www.ddr-wissen.de/wiki/ddr.pl?Marxismus-Leninismus

Michail Gorbatschow. Er brachte Deutschland die Einheit:
http://www.focus.de/wissen/videos/michail-gorbatschow-er-brachte-deutschland-die-einheit-michail-gorbatschow_id_5804696.html

Michail Gorbatschow. Wie es war. Die deutsche Einheit.
https://www.perlentaucher.de/buch/michail-gorbatschow/wie-es-war.html

Michail Sergejewitsch Gorbatschow.
https://de.wikipedia.org/wiki/Michail_Sergejewitsch_Gorbatschow

Perestroika. https://de.wikipedia.org/wiki/Perestroika

Putsch gegen Gorbatschow. http://www.mdr.de/heute-im-osten/gorbatschow-augustputsch-historisch-100.html

Solidarność 1980-1989. Eine lange polnische Revolution.
https://www.dialogmagazin.eu/leseprobe-ausgabe-88.html

Stalin - der Regisseur des Terrors. http://www.fr.de/kultur/studie-ueber-josef-stalin-stalin-der-regisseur-des-terrors-a-884705

Wer zu spät kommt, den bestraft das Leben.
http://www.zeit.de/wissen/geschichte/2010-03/gorbatschow-sowjetunion

"Weder Ochs noch Esel" - Erich Honeckers Realitätsverlust
https://www.evangelisch.de/inhalte/108899/14-08-2014/weder-ochs-noch-esel-erich-honeckers-realitaetsverlust

Wie Kohl und "Gorbi" die Einheit besiegelten. http://www.dw.com/de/wie-kohl-und-gorbi-die-einheit-besiegelten/a-5658385

Wladimir Iljitsch Lenin.
https://www.lernhelfer.de/schuelerlexikon/geschichte/artikel/wladimir-iljitsch-lenin

Zwei-plus-Vier-Vertrag. https://de.wikipedia.org/wiki/Zwei-plus-Vier-Vertrag

16

BEI GRIN MACHT SICH IHR WISSEN BEZAHLT

- Wir veröffentlichen Ihre Hausarbeit,
  Bachelor- und Masterarbeit

- Ihr eigenes eBook und Buch -
  weltweit in allen wichtigen Shops

- Verdienen Sie an jedem Verkauf

Jetzt bei www.GRIN.com hochladen und kostenlos publizieren